ZOU
et les œufs de Pâques

LAROUSSE

Aujourd’hui, c’est Pâques ! Zou a invité Zak et Elzée pour la chasse aux œufs. Pour l’occasion, Zak s’est déguisé en lapin.

— Les lapins sont les plus malins pour trouver le chocolat ! dit Zak en arrivant.

Papi et Mamie appellent les enfants :

— Écoutez ! Les cloches sont passées, annonce Papi.

— Je suis sûre qu'elles ont apporté de jolis œufs de Pâques, ajoute Mamie.

— En route pour la chasse aux œufs ! lance Zou à ses amis.

Les trois zèbres se mettent à fouiller partout dans le jardin.

— Je suis sûr qu'il y en a dans le garage de Papi, pense Zou.

Il ouvre la porte..., mais il ne voit pas la moindre trace de chocolat !

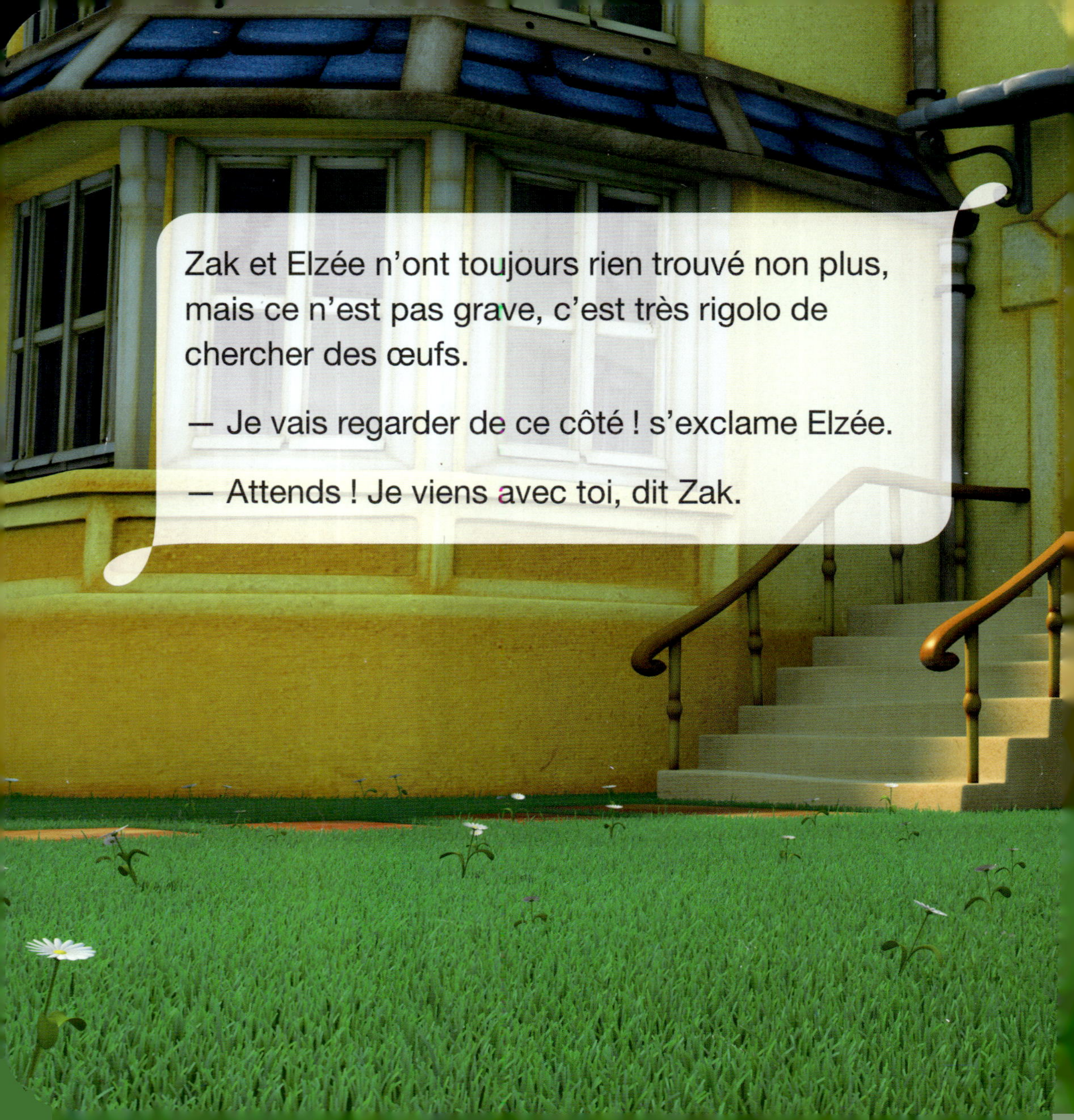

Zak et Elzée n’ont toujours rien trouvé non plus, mais ce n’est pas grave, c’est très rigolo de chercher des œufs.

— Je vais regarder de ce côté ! s’exclame Elzée.

— Attends ! Je viens avec toi, dit Zak.

— Ça y est, dit soudain Elzée. Un œuf !

Après Elzée, c'est au tour de Zak le lapin de débusquer un trésor :

— Ça y est, j'en ai trouvé un aussi !

De son côté, Zou, qui était jusque-là malchanceux, fait enfin une grande découverte :

— **TROIS** œufs, j'en ai trouvé trois !

Les amis rassemblent leurs friandises.

— Un, deux, trois, quatre et cinq ! compte Elzée.

— Comme ça, il y en aura même pour Papi et Mamie ! s'exclame Zou.

— Papi, Mamie, les cloches ont pensé à vous !

— C'est très gentil ! dit Papi. Vous avez mérité un bon goûter.

— C'était une superchasse aux œufs ! s'exclame Zou.

— Merci les cloches ! s'écrient les trois petits zèbres en chœur.

Mes petits ALBUMS

Retrouve aussi les DVD et les applications dans l'Apple Store :

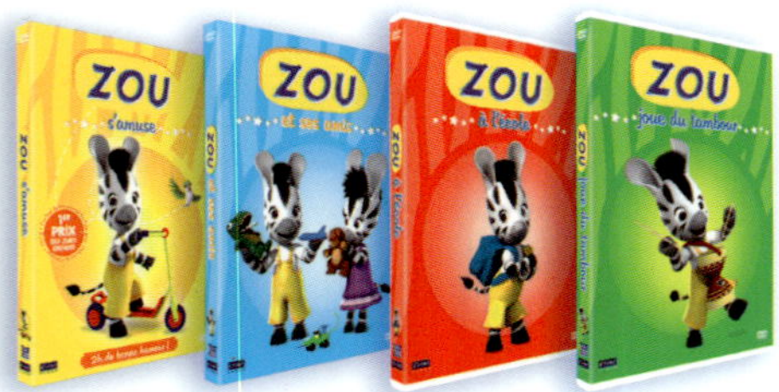

Citel VIDEO

Zou's App
Cyber Group Studios 3DDUO

J'apprends à compter avec Zou
hachette ÉDUCATION

J'apprends l'alphabet avec Zou
hachette ÉDUCATION

Noël avec Zou
hachette ÉDUCATION

À découvrir

Place ici la date d'aujourd'hui
Aujourd'hui, nous sommes le
jour
date
mois
année
saison
Les mots de l'automne
Les mots de l'hiver
Les mots du printemps
Place ici le mot du jour !
Les mots de l'été
Le calendrier des mots
ZOU
LAROUSSE

ZOU détective
LAROUSSE

L'atelier cuisine de ZOU
LAROUSSE

L'imagier puzzle de Zou
La maison de ZOU
LAROUSSE

Apprends la politesse avec Zou
Bonjour !
Les petits desserts de Zou
Les petits tours de magie de Zou
LAROUSSE

DÉFI
APPRENDS DES MOTS EN T'AMUSANT AVEC ZOU

HISTOIRE à coller
L'anniversaire surprise d'Elzée
AVEC 100 AUTOCOLLANTS
LAROUSSE

IMAGIER à coller
L'imagier de ZOU
AVEC 100 AUTOCOLLANTS
LAROUSSE

Maman
Papa